Uno Dos Tres

MY FIRST SPANISH RHYMES

Selected by
YANITZIA CANETTI

Illustrated by
PATRICE AGGS

F

FRANCES LINCOLN
CHILDREN'S BOOKS

Contents

Uno Dos Tres

The rhymes, songs and chants in this book are samples
of the many lyrical works that the Spanish-speaking world
has to offer. Every Latin American country has its own version
of many of the selections included, so I've chosen
the most popular version of each one.

As an education specialist, I have always been fascinated by how
rhymes, songs and chants can serve many purposes. The ones
gathered here are more than just fun, popular rhymes – they are
used by parents and educators to teach basic concepts, including
healthy habits, good manners, counting, new vocabulary, and
observing changes in the natural world. In addition, many of the
rhymes are taught through games and movements, which makes
learning fun and easy for children of all ages!

To make the Spanish language more accessible, the selections
include simple phrasing, the illustrations have been labelled with
key words from the selections, and the CD helps beginners listen
to and practise correct pronunciation and intonation.
You may wish to enhance the learning experience by practising
the useful phrases and playing the games explained in the
Guide at the back of the book.

Beginning with the section "¡A pasear! (*Let's Travel!*)"
and ending with "¡A dormir! (*Let's Go to Sleep!*)" this book
is a journey that will take your child from one adventure
to another and back home again, while learning Spanish!

Yanitzia Canetti

¡A comer!
Let's Eat! – p8

¡A dormir!
Let's Go to Sleep! – p16

¡A pasear!

Cucú, cucú, cantaba la rana,
cucú, cucú, debajo del agua.
Cucú, cucú, pasó un caballero,
cucú, cucú, con capa y sombrero.
Cucú, cucú, pasó una señora,
cucú, cucú, con falda de cola.

Este niño lindo,
que nació de noche,
quiere que lo lleven
a pasear en coche.

el caballero

la señora

la rana

el coche

Corre trencito,
corre por el campo.
Llega y se para
frente a la estación.

Hola, hola,
que suba ese señor.
Hola, hola,
que suba ese señor.

Había una vez un barco chiquitito
que no podía navegar.
Los tripulantes de este barquito
se pusieron a pescar.
Y si este cuento no se te hace largo,
lo volveremos a empezar.

el trencito

la estación

el barquito

¡Al campo!

el cielo

el arco iris

De colores, de colores se visten los campos en la primavera.

De colores, de colores son los pajaritos que vienen de afuera.

De colores, de colores es el arco iris que vemos lucir.

Y por eso los grandes amores de muchos colores me gustan a mí.

la primavera

el verano

los pajaritos

los campos

Es verano y brillan las flores.

Es verano y hace calor.

En verano está azul el cielo

y el colegio ya terminó.

Cuando llega el mes de octubre
corro al huerto de mi casa
y busco con alegría
tres o cuatro calabazas.

Las preparo, las arreglo,
les saco todas las semillas,
les hago unos ojos grandes
y una boca que da risa.

el huerto

el otoño

los ojos

la boca

las calabazas

el invierno

Yo tenía diez perritos.
Yo tenía diez perritos.
Uno se perdió en la nieve.
No me quedan más que nueve.
Yo tenía nueve perritos. . .

los perritos

la nieve

5
cinco

Los pollitos dicen
pío, pío, pío,
cuando tienen hambre,
cuando tienen frío.

La gallina busca
el maíz y el trigo.
Les da la comida
y les presta abrigo.

la gallina

los pollitos

el maíz

la vaca

la leche merengada

Tengo una vaca lechera.
No es una vaca cualquiera.
Me da la leche merengada.
¡Ay qué vaca tan salada!

¡A la granja!

Caballito blanco
llévame de aquí,
llévame a la tierra
donde yo nací.

el caballito

la lana

la cabaña

la oveja

Una me da leche.
Otra me da lana.
Otra me mantiene
toda la semana.

Tengo, tengo, tengo.
Tú no tienes nada.
Tengo tres ovejas
en una cabaña.

¡A comer!

Tortitas, tortitas,
tortitas de manteca
para mamá que está contenta.

Arroz con leche,
me quiero casar
con una viudita de la capital
que sepa tejer,
que sepa bordar,
que ponga la aguja en el mismo lugar.

las tortas

mamá

la manteca

la aguja

el arroz con leche

Esta era una viejita
sin nadita que comer,
solo carnes, frutas, dulces,
tortas, huevos, pan y pez.

Siempre tuvo chocolate,
leche, té y café,
y la pobre no encontraba
qué comer ni qué beber.

Naranja dulce,
limón partido.
Dame un abrazo
que yo te pido.

¡A estudiar!

Mi escuelita, mi escuelita,
yo la quiero con amor
porque en ella, porque en ella
es que aprendo mi lección.

Por la mañana, temprano,
lo primero que yo hago:
saludar a mi maestra
y después a mi trabajo.

Treinta días trae septiembre,
con abril, junio y noviembre.
De veintiocho solo hay uno
y los demás, treinta y uno.

la escuela

la mañana

la maestra

Brinca la tablita,
que yo la brinqué.
Bríncala tú ahora,
que yo me cansé.

Dos y dos son cuatro.
Cuatro y dos son seis.
Seis y dos son ocho,
y ocho, dieciséis.

¡A jugar!

Antón, Antón,
Antón Pirulero.
Cada cual, cada cual
que atienda su juego.
Y el que no lo atienda,
pagará una prenda.

la muñeca

el canesú

el juego

Tengo una muñeca
vestida de azul
con su camisita
y su canesú.

Esta mañanita,
me dijo el doctor
que le dé jarabe
con el tenedor.

Esos son los besos
que te voy a dar
para que mejores
y puedas pasear.

el elefante

la tela de araña

la araña

Un elefante se balanceaba
sobre la tela de una araña.
Como veía que resistía,
fue a buscar otro elefante.
Dos elefantes se balanceaban
sobre la tela de una araña.
Como veían que resistía,
fueron a buscar otro elefante.
Tres elefantes. . .

¡*A casa!*

El patio de mi casa
es particular.
Si llueve se moja
como los demás.

Agáchate, niño,
y vuélvete a agachar,
que si no te agachas,
no sabes jugar.
H, i, j, k, l, m, n, a
que si no me quieres,
otro me querrá.

el tejado

el gato

el patio

la casa

Estaba el señor don Gato
sentadito en su tejado.
Marramiau, miau, miau,
sentadito en su tejado.

Debajo de un botón, ton-ton
que encontró Martín, tin-tin
había un ratón, ton-ton.
¡Ay, qué chiquitín, tin-tin
era aquel ratón, ton-ton
que encontró Martín, tin-tin
debajo de un botón, ton-ton!

el botón

el ratón

¡A dormir!

Pin Pon es un muñeco,
muy guapo y de cartón.
Se lava su carita
con agua y con jabón.

Apenas las estrellas
comienzan a salir,
Pin Pon se va a la cama
y se acuesta a dormir.

la carita

el jabón

el agua

Estrellita, ¿dónde estás?
Me pregunto, ¿qué serás?
En el cielo y en el mar,
un diamante de verdad.
Estrellita, ¿dónde estás?
Me pregunto, ¿qué serás?

Duérmete, mi niño.
Duérmete, mi sol.
Duérmete, pedazo
de mi corazón.

la estrella

el niño

la cama

¡A pasear! – *Let's Travel!* p2

Useful phrases: **debajo del/de la** – under the
había una vez – once upon a time
volveremos a empezar – we'll begin again

La rana cucú – *The Cuckoo Frog*

This is a traditional song about what a frog sees from the water. It helps children make connections between animals and their sounds, while learning the hard "c" sound in Spanish words, such as "cucú," "cantaba," and "cola".

Este niño lindo – *This Beautiful Boy*

This sweet song is a soothing lullaby. *This beautiful boy, / Who was born at night, / Wants to be taken / For a car ride.*

Corre trencito – *Go, Little Train*

This rhyme is used to introduce small children to train travel. *Go, little train, / Go through the country. / It arrives and stops / At the station. / Hello, hello, let the man get on. / Hello, hello, let the man get on.*

El barquito – *The Little Boat*

This charming rhyme teaches children about sequence of events (beginning, middle, end) and repetition. It also introduces them to travel by boat.

¡Al campo! – *Let's Go to the Country!* p4

Useful phrases: **me gustan** – I like
hace calor – it's hot
yo tenía – I had

De colores – *In Colour*

This is a traditional rhyme introduces children to the colourful things they see in nature, in the springtime. *In colour, in colour the fields dress in spring. / In colour, in colour are the birdies that come from outside. / In colour, in colour is the rainbow that we see shine.*

Es verano – *It's Summer*

This is a traditional rhyme about summer. *It's summer, and it's hot. / In summer, the sky is blue / And classes are through.*

Cuando llega el mes de octubre – *When the Month of October Arrives*

This traditional rhyme introduces children to autumn activities, such as harvesting pumpkins and making jack-o'-lanterns. *When the month of October arrives, / I run to my garden / And joyfully look / For three or four pumpkins. / I prepare them, I clean them, / I take out their seeds. / I make big eyes for them / And a funny-looking mouth.*

Los diez perritos – *The Ten Puppies*

This rhyme introduces children to winter activities, while they learn to count backwards from ten. *I had ten puppies. / I had ten puppies. / One got lost in the snow. / There are only nine left. / I had nine puppies. . .*

¡A la granja! – *Let's Go to the Farm!* p6

Useful phrases: **tienen hambre** – they're hungry
tienen frío – they're cold
les presta abrigo – keeps them warm
me da – s/he gives me
tú no tienes – you don't have

Los pollitos – *The Little Chicks*

This traditional song is one of the first that Spanish-speaking children learn. It introduces the sounds chicks make, and has a reassuring message. *The little chicks say / Peep, peep, peep / When they are hungry, / When they are cold. / The hen finds / The corn and wheat. / She gives them the food / And keeps them warm.*

La vaca lechera – *The Dairy Cow*

This whimsical rhyme is about a dairy cow that produces milkshakes! *I have a dairy cow. / It's not just any cow. / It gives me milkshakes. / What a clever cow!*

Caballito blanco – *Little White Horse*

Like other songs about the farm, this rhyme shows how useful animals can be. *I have three sheep / In a cabin. / One gives me milk. / One gives me wool. / One keeps me eating / All week long.*

¡A comer! – *Let's Eat!* p8

Useful phrases: **está contenta** – she's happy
que sepa – that knows how to
siempre tuvo – s/he always had
dame un abrazo – give me a hug

Tortitas de manteca – *Little Butter Cakes*

There are many different versions of this traditional song. Similar to "Pat-a-cake," it is accompanied by hand movements. *Little cakes, little cakes, / Little butter cakes / For my mother / Who is happy.*

Arroz con leche – *Rice Pudding*

This traditional song can also be played as a game. One child stands in the middle of a circle made by the rest holding hands and walking. Whoever the child in the middle points to when the song ends goes in the middle for the next round.

La viejita – *The Old Lady*

This rhyme is about a little old lady who has so much food that she can't decide what to eat. It's great for teaching children about different types of foods. *There was an old lady / Without anything to eat / But meat, fruit, sweets, / Cakes, eggs, bread and fish. / She always had chocolate, / Milk, tea and coffee / And the poor lady couldn't find / Anything to eat or drink.*